THIS PLANNER BELONGS TO

_____

_____

_____

_____

FROM THE AUTHOR OF
"THE LITTLE FRENCH DICTIONARY OF WORD FAMILIES"

GET EXCLUSIVES LESSONS AND FREEBIES AT
WWW.THEPERFECTFRENCH.COM/FREEBIES

MY NOTES

Être - To be
Present tense

Je suis	I am
Tu es	You are
Il – Elle est	He – She is
Nous sommes	We are
Vous êtes	You are
Ils – Elles sont	They are

DATE : _____

GRAMMAR

_____

_____

_____

_____

VOCABULARY

_____	_____
_____	_____
_____	_____
_____	_____
_____	_____
_____	_____
_____	_____
_____	_____

READING

_____

_____

Time spent studying : 15' 30' 45' 60' 75' 90'

WHAT AM I GOING TO STUDY TOMORROW?

_____

2

MES NOTES

_____

_____

_____

_____

_____

_____

_____

_____

_____

_____

_____

_____

_____

_____

Vocabulaire du jour

Un avion	A plane
Une moto	A motorcycle
Un vélo	A bike
Un bateau	A boat
Une voiture	A car
Un camion	A truck

GRAMMAIRE

VOCABULAIRE

LECTURE

Temps passé à étudier : 15' 30' 45' 60' 75' 90'

QU'EST-CE QUE JE VAIS ÉTUDIER DEMAIN?

MY NOTES

Adjectives of the day

Masculine	Feminine	
Sérieux	Sérieuse	Serious
Curieux	Curieuse	Curious
Heureux	Heureuse	Happy
Furieux	Furieuse	Furious
Précieux	Précieuse	Precious

DATE : _____

<u>GRAMMAR</u>

_____

_____

_____

_____

<u>VOCABULARY</u>

_____	_____
_____	_____
_____	_____
_____	_____
_____	_____
_____	_____
_____	_____
_____	_____

<u>READING</u>

_____

_____

Time spent studying : 15' 30' 45' 60' 75' 90'

WHAT AM I GOING TO STUDY TOMORROW?

_____

6

_____

_____

_____

_____

_____

_____

_____

_____

_____

_____

_____

_____

_____

_____

Avoir - To have
Présent

J'ai	I have
Tu as	You have
Il - Elle a	He - She has
Nous avons	We have
Vous avez	You have
Ils - Elles ont	They have

DATE :

GRAMMAIRE

VOCABULAIRE

LECTURE

Temps passé à étudier : 15' 30' 45' 60' 75' 90'

QU'EST-CE QUE JE VAIS ÉTUDIER DEMAIN?

8

MY NOTES

Vocabulary of the day

Rouge	Red
Gris	Grey
Jaune	Yellow
Bleu	Blue
Vert	Green
Orange	Orange

DATE : _____

GRAMMAR

_____

_____

_____

_____

VOCABULARY

_____   _____

_____   _____

_____   _____

_____   _____

_____   _____

_____   _____

_____   _____

READING

_____

_____

Time spent studying : 15' 30' 45' 60' 75' 90'

WHAT AM I GOING TO STUDY TOMORROW?

_____

MES NOTES

Adjectifs du jour

Masculin	Féminin	
Secret	Secrète	Secret
Discret	Discrète	Discrete
Cadet	Cadette	Younger
Complet	Complète	Complete
Inquiet	Inquiète	Worried

GRAMMAIRE

_____

_____

_____

_____

VOCABULAIRE

_____	_____
_____	_____
_____	_____
_____	_____
_____	_____
_____	_____
_____	_____

LECTURE

_____

_____

Temps passé à étudier : 15' 30' 45' 60' 75' 90'

QU'EST-CE QUE JE VAIS ÉTUDIER DEMAIN?

_____

Aller - To go
Present tense

Je vais	I am going
Tu vas	You are going
Il – Elle va	He – She is going
Nous allons	We are going
Vous allez	You are going
Ils – Elles vont	They are going

DATE : _____

GRAMMAR

_____

_____

_____

_____

VOCABULARY

_____	_____
_____	_____
_____	_____
_____	_____
_____	_____
_____	_____
_____	_____

READING

_____

_____

Time spent studying : 15' 30' 45' 60' 75' 90'

WHAT AM I GOING TO STUDY TOMORROW?

_____

MES NOTES

_____
_____
_____
_____
_____
_____
_____
_____
_____
_____
_____
_____
_____

Vocabulaire du jour

Un chien	A dog
Un chat	A cat
Un oiseau	A bird
Une vache	A cow
Un cheval	A horse
Une souris	A mouse

GRAMMAIRE

VOCABULAIRE

LECTURE

Temps passé à étudier : 15' 30' 45' 60' 75' 90'

QU'EST-CE QUE JE VAIS ÉTUDIER DEMAIN?

_____

_____

_____

_____

_____

_____

_____

_____

_____

_____

_____

_____

_____

_____

_____

Adjectives of the day

Masculine	Feminine	
Vert	Verte	Green
Bleu	Bleue	Blue
Blanc	Blanche	White
Gris	Grise	Grey
Violet	Violette	Purple

DATE : _____

GRAMMAR

_____

_____

_____

_____

VOCABULARY

_____	_____
_____	_____
_____	_____
_____	_____
_____	_____
_____	_____
_____	_____
_____	_____

READING

_____

_____

Time spent studying : 15' 30' 45' 60' 75' 90'

WHAT AM I GOING TO STUDY TOMORROW?

_____

18

_____

_____

_____

_____

_____

_____

_____

_____

_____

_____

_____

_____

_____

_____

Venir - To come
Présent

Je viens	I am coming
Tu viens	You are coming
Il – Elle vient	He – She is coming
Nous venons	We are coming
Vous venez	You are coming
Ils – Elles viennes	They are coming

GRAMMAIRE

VOCABULAIRE

LECTURE

Temps passé à étudier : 15' 30' 45' 60' 75' 90'

QU'EST-CE QUE JE VAIS ÉTUDIER DEMAIN?

MY NOTES

Vocabulary of the day

Le football	Soccer
La danse	Dance
Le basketball	Basketball
Le rugby	Rugby
Le baseball	Baseball
La natation	Swimming

DATE : _____

GRAMMAR

_____
_____
_____
_____

VOCABULARY

_____	_____
_____	_____
_____	_____
_____	_____
_____	_____
_____	_____
_____	_____

READING

_____
_____

Time spent studying : 15' 30' 45' 60' 75' 90'

WHAT AM I GOING TO STUDY TOMORROW?

_____

22

MES NOTES

_____

_____

_____

_____

_____

_____

_____

_____

_____

_____

_____

_____

_____

_____

Adjectifs du jour

Masculin	Féminin	
Chaud	Chaude	Hot
Froid	Froide	Cold
Grand	Grande	Tall
Lourd	Lourde	Heavy
Laid	Laide	Ugly

DATE :

GRAMMAIRE

_____

_____

_____

_____

VOCABULAIRE

_____	_____
_____	_____
_____	_____
_____	_____
_____	_____
_____	_____
_____	_____

LECTURE

_____

_____

Temps passé à étudier : 15' 30' 45' 60' 75' 90'

QU'EST-CE QUE JE VAIS ÉTUDIER DEMAIN?

_____

MY NOTES

_____

_____

_____

_____

_____

_____

_____

_____

_____

_____

_____

_____

Jouer - To play
Present tense

Je joue	I am playing
Tu joues	You are playing
Il – Elle jouent	He – She is playing
Nous jouons	We are playing
Vous jouez	You are playing
Ils – Elles jouent	They are playing

DATE : _____

GRAMMAR

_____

_____

_____

_____

VOCABULARY

_____   _____

_____   _____

_____   _____

_____   _____

_____   _____

_____   _____

_____   _____

READING

_____

_____

Time spent studying : 15' 30' 45' 60' 75' 90'

WHAT AM I GOING TO STUDY TOMORROW?

_____

26

_____
_____
_____
_____
_____
_____
_____
_____
_____
_____
_____
_____
_____
_____
_____

Vocabulaire du jour

Une école	A school
Un cahier	A notebook
Une salle de classe	A classroom
Un tableau	A board
Un professeur	A teacher
Un devoir	A homework

GRAMMAIRE

VOCABULAIRE

LECTURE

Temps passé à étudier : 15' 30' 45' 60' 75' 90'

QU'EST-CE QUE JE VAIS ÉTUDIER DEMAIN?

_____

_____

_____

_____

_____

_____

_____

_____

_____

_____

_____

_____

_____

Adjectives of the day

Masculine	Feminine	
Vivant	Vivante	Alive
Haut	Haute	High
Mort	Morte	Dead
Patient	Patiente	Patient
Content	Contente	Happy

DATE : _____

GRAMMAR

_____
_____
_____
_____

VOCABULARY

_____	_____
_____	_____
_____	_____
_____	_____
_____	_____
_____	_____
_____	_____

READING

_____
_____

Time spent studying : 15' 30' 45' 60' 75' 90'

WHAT AM I GOING TO STUDY TOMORROW?

_____

Étudier - To study
Présent

J'étudie	I am studying
Tu études	You are studying
Il – Elle étudie	He – She is studying
Nous étudions	We are studying
Vous étudiez	You are studying
Ils – Elles étudient	They are studying

DATE : _____

GRAMMAIRE

_____

_____

_____

_____

VOCABULAIRE

_____	_____
_____	_____
_____	_____
_____	_____
_____	_____
_____	_____
_____	_____

LECTURE

_____

_____

Temps passé à étudier : 15' 30' 45' 60' 75' 90'

QU'EST-CE QUE JE VAIS ÉTUDIER DEMAIN?

_____

MY NOTES

_____

_____

_____

_____

_____

_____

_____

_____

_____

_____

_____

_____

Vocabulary of the day

Un pinceau	A brush
Une couleur	A colour
Une peinture	A painting
Un tableau	A painting
Un / Une peintre	A painter
Un / Une artiste	An artist

DATE : _____

GRAMMAR

_____
_____
_____
_____

VOCABULARY

_____	_____
_____	_____
_____	_____
_____	_____
_____	_____
_____	_____
_____	_____

READING

_____
_____

Time spent studying : 15' 30' 45' 60' 75' 90'

WHAT AM I GOING TO STUDY TOMORROW?

_____

34

MES NOTES

_____

_____

_____

_____

_____

_____

_____

_____

_____

_____

_____

_____

_____

_____

Adjectifs du jour

Masculin	Féminin	
Créatif	Créative	Creative
Actif	Active	Active
Naïf	Naïve	Naive
Vif	Vive	Furious
Pensif	Pensive	Pensive

DATE :

GRAMMAIRE

_____

_____

_____

_____

VOCABULAIRE

_____	_____
_____	_____
_____	_____
_____	_____
_____	_____
_____	_____
_____	_____

LECTURE

_____

_____

Temps passé à étudier : 15' 30' 45' 60' 75' 90'

QU'EST-CE QUE JE VAIS ÉTUDIER DEMAIN?

_____

_____

_____

_____

_____

_____

_____

_____

_____

_____

_____

_____

_____

_____

Peindre - To paint
Present tense

Je peins	I am painting
Tu peins	You are painting
Il - Elle peint	He – She is painting
Nous peignons	We are painting
Vous peignez	You are painting
Ils - Elles peignent	They are painting

DATE : _____

GRAMMAR

_____
_____
_____
_____

VOCABULARY

_____	_____
_____	_____
_____	_____
_____	_____
_____	_____
_____	_____
_____	_____

READING

_____
_____

Time spent studying : 15' 30' 45' 60' 75' 90'

WHAT AM I GOING TO STUDY TOMORROW?

_____

38

_____

_____

_____

_____

_____

_____

_____

_____

_____

_____

_____

_____

_____

_____

Vocabulaire du jour

Un boulanger	A baker
Une boulangére	A baker
Un pâtissier	A pastry cook
Une pâtissière	A pastry cook
Un policier	A police officer
Une policière	A police officer

GRAMMAIRE

VOCABULAIRE

LECTURE

Temps passé à étudier : 15' 30' 45' 60' 75' 90'

QU'EST-CE QUE JE VAIS ÉTUDIER DEMAIN?

MY NOTES

Adjectives of the day

Masculine	Feminine	
Sage	Sage	Wise
Efficace	Efficace	Efficient
Libre	Libre	Free
Triste	Triste	Sad
Simple	Simple	Simple

DATE : _____

GRAMMAR

_____

_____

_____

_____

VOCABULARY

_____   _____

_____   _____

_____   _____

_____   _____

_____   _____

_____   _____

_____   _____

_____   _____

READING

_____

_____

Time spent studying : 15' 30' 45' 60' 75' 90'

WHAT AM I GOING TO STUDY TOMORROW?

_____

42

_____

_____

_____

_____

_____

_____

_____

_____

_____

_____

_____

_____

_____

_____

Donner - To give
Présent

Je donne	I am giving
Tu donnes	You are giving
Il – Elle donne	He – She is giving
Nous donnons	We are giving
Vous donnez	You are giving
Ils – Elles donnent	They are giving

GRAMMAIRE

VOCABULAIRE

LECTURE

Temps passé à étudier : 15' 30' 45' 60' 75' 90'

QU'EST-CE QUE JE VAIS ÉTUDIER DEMAIN?

_____

_____

_____

_____

_____

_____

_____

_____

_____

_____

_____

_____

_____

_____

Vocabulary of the day

Le riz	The rice
Les nouilles	The noodles
Les céréales	The cereals
Les frites	The fries
Les pâtes	The pastas
Le couscous	The couscous

DATE : _____

GRAMMAR

_____

_____

_____

_____

VOCABULARY

_____	_____
_____	_____
_____	_____
_____	_____
_____	_____
_____	_____
_____	_____

READING

_____

_____

Time spent studying : 15' 30' 45' 60' 75' 90'

WHAT AM I GOING TO STUDY TOMORROW?

_____

46

MES NOTES

Adjectifs du jour

Masculin	Féminin	
Beau	Belle	Beautiful
Bel	Belle	Beautiful
Nouveau	Nouvelle	New
Nouvel	Nouvelle	New
Vieux	Vieille	Old
Vieil	Vieille	Old

GRAMMAIRE

_____

_____

_____

_____

VOCABULAIRE

_____	_____
_____	_____
_____	_____
_____	_____
_____	_____
_____	_____
_____	_____

LECTURE

_____

_____

Temps passé à étudier : 15' 30' 45' 60' 75' 90'

QU'EST-CE QUE JE VAIS ÉTUDIER DEMAIN?

_____

_____

_____

_____

_____

_____

_____

_____

_____

_____

_____

_____

_____

_____

Voir - To see
Present tense

Je vois	I am seeing
Tu vois	You are seeing
Il – Elle voit	He – She is seeing
Nous voyons	We are seeing
Vous voyez	You are seeing
Ils – Elles voient	They are seeing

GRAMMAR

VOCABULARY

READING

Time spent studying : 15' 30' 45' 60' 75' 90'

WHAT AM I GOING TO STUDY TOMORROW?

MES NOTES

_____

_____

_____

_____

_____

_____

_____

_____

_____

_____

_____

_____

_____

_____

Vocabulaire du jour

Une pomme	An apple
Une orange	An orange
Une banane	A banana
Un kiwi	A kiwi
Une poire	A pear
Une fraise	A strawberry

GRAMMAIRE

_____

_____

_____

_____

VOCABULAIRE

_____   _____

_____   _____

_____   _____

_____   _____

_____   _____

_____   _____

_____   _____

LECTURE

_____

_____

Temps passé à étudier : 15' 30' 45' 60' 75' 90'

QU'EST-CE QUE JE VAIS ÉTUDIER DEMAIN?

_____

MY NOTES

Adjectives of the day

Masculine	Feminine	
Amical	Amicale	Friendly
Floral	Florale	Floral
Vertical	Verticale	Vertical
Génial	Géniale	Great
Général	Générale	General

GRAMMAR

VOCABULARY

READING

Time spent studying : 15' 30' 45' 60' 75' 90'

WHAT AM I GOING TO STUDY TOMORROW?

Tenir - To hold
Présent

Je tiens	I am holding
Tu tiens	You are holding
Il - Elle tient	He - She is holding
Nous tenons	We are holding
Vous tenez	You are holding
Ils - Elles tiennent	They are holding

GRAMMAIRE

VOCABULAIRE

LECTURE

Temps passé à étudier : 15' 30' 45' 60' 75' 90'

QU'EST-CE QUE JE VAIS ÉTUDIER DEMAIN?

MY NOTES

Vocabulary of the day

Un film	A movie
Un documentaire	A documentary
Un jeu télévisé	A game show
Un dessin animé	A cartoon
La météo	The weather
Les informations	The news

DATE : _____

GRAMMAR

_____

_____

_____

_____

VOCABULARY

_____	_____
_____	_____
_____	_____
_____	_____
_____	_____
_____	_____
_____	_____

READING

_____

_____

Time spent studying : 15' 30' 45' 60' 75' 90'

WHAT AM I GOING TO STUDY TOMORROW?

_____

58

MES NOTES

_____

_____

_____

_____

_____

_____

_____

_____

_____

_____

_____

_____

_____

Adjectifs du jour

Masculin	Féminin	
Pluvieux	Pluvieuse	Rainy
Neigeux	Neigeuse	Snowy
Venteux	Venteuse	Windy
Gelé	Gelée	Frozen
Glacé	Glacé	Iced

GRAMMAIRE

_____

_____

_____

_____

VOCABULAIRE

_____	_____
_____	_____
_____	_____
_____	_____
_____	_____
_____	_____
_____	_____

LECTURE

_____

_____

Temps passé à étudier : 15' 30' 45' 60' 75' 90'

QU'EST-CE QUE JE VAIS ÉTUDIER DEMAIN?

_____

_____

_____

_____

_____

_____

_____

_____

_____

_____

_____

_____

_____

_____

_____

_____

Parler - To speak, To talk
Present tense

Je parle	I am speaking
Tu parles	You are speaking
Il – Elle parle	He – She is speaking
Nous parlons	We are speaking
Vous parlez	You are speaking
Ils – Elles parlent	They are speaking

DATE : _____

GRAMMAR

_____

_____

_____

_____

VOCABULARY

_____	_____
_____	_____
_____	_____
_____	_____
_____	_____
_____	_____
_____	_____

READING

_____

_____

Time spent studying : 15' 30' 45' 60' 75' 90'

WHAT AM I GOING TO STUDY TOMORROW?

_____

MES NOTES

Vocabulaire du jour

Lundi	Monday
Mardi	Tuesday
Mercredi	Wednesday
Jeudi	Thursday
Vendredi	Friday
Samedi	Samedi
Dimanche	Sunday

DATE : _____

GRAMMAIRE

_____

_____

_____

_____

VOCABULAIRE

_____	_____
_____	_____
_____	_____
_____	_____
_____	_____
_____	_____
_____	_____
_____	_____

LECTURE

_____

_____

Temps passé à étudier : 15' 30' 45' 60' 75' 90'

QU'EST-CE QUE JE VAIS ÉTUDIER DEMAIN?

_____

_____
_____
_____
_____
_____
_____
_____
_____
_____
_____
_____
_____
_____

Adjectives of the day

Masculine	Feminine	
Solitaire	Solitaire	Solitary
Propre	Propre	Clean
Pauvre	Pauvre	Poor
Juste	Juste	Fair
Jeune	Jeune	Young

DATE :

<u>GRAMMAR</u>

<u>VOCABULARY</u>

<u>READING</u>

Time spent studying : 15' 30' 45' 60' 75' 90'

WHAT AM I GOING TO STUDY TOMORROW?

_____
_____
_____
_____
_____
_____
_____
_____
_____
_____
_____
_____
_____

Apprendre - To learn
Prêsent

J'apprends	I am learning
Tu apprends	You are learning
Il – Elle apprend	He – She is learning
Nous apprenons	We are learning
Vous apprenez	You are learning
Ils – Elles apprennent	They are learning

DATE : _____

GRAMMAIRE

_____
_____
_____
_____

VOCABULAIRE

_____	_____
_____	_____
_____	_____
_____	_____
_____	_____
_____	_____

LECTURE

_____
_____

Temps passé à étudier : 15' 30' 45' 60' 75' 90'

QU'EST-CE QUE JE VAIS ÉTUDIER DEMAIN?

_____

68

MY NOTES

DATE : _____

<u>GRAMMAR</u>

_____
_____
_____
_____

<u>VOCABULARY</u>

_____	_____
_____	_____
_____	_____
_____	_____
_____	_____
_____	_____
_____	_____
_____	_____

<u>READING</u>

_____
_____

Time spent studying : 15' 30' 45' 60' 75' 90'

WHAT AM I GOING TO STUDY TOMORROW?

_____

MES NOTES

Adjectifs du jour

Masculin	Féminin	
Antérieur	Antérieure	Anterior
Postérieur	Postérieure	Posterior
Extérieur	Extérieure	Exterior
Inférieur	Inférieure	Inferior
Supérieur	Supérieure	Superior

GRAMMAIRE

_____

_____

_____

_____

VOCABULAIRE

_____	_____
_____	_____
_____	_____
_____	_____
_____	_____
_____	_____
_____	_____

LECTURE

_____

_____

Temps passé à étudier : 15' 30' 45' 60' 75' 90'

QU'EST-CE QUE JE VAIS ÉTUDIER DEMAIN?

_____

_____

_____

_____

_____

_____

_____

_____

_____

_____

_____

_____

_____

_____

Aimer - To like, To love
Present tense

J'aime	I love
Tu aimes	You love
Il – Elle aime	He – She loves
Nous aimons	We love
Vous aimez	You love
Ils – Elles aiment	They love

DATE : _____

GRAMMAR

_____

_____

_____

_____

VOCABULARY

_____	_____
_____	_____
_____	_____
_____	_____
_____	_____
_____	_____
_____	_____

READING

_____

_____

Time spent studying : 15' 30' 45' 60' 75' 90'

WHAT AM I GOING TO STUDY TOMORROW?

_____

MES NOTES

GRAMMAIRE

VOCABULAIRE

LECTURE

Temps passé à étudier : 15' 30' 45' 60' 75' 90'

QU'EST-CE QUE JE VAIS ÉTUDIER DEMAIN?

MY NOTES

_____

_____

_____

_____

_____

_____

_____

_____

_____

_____

_____

_____

_____

Adjectives of the day

Masculine	Feminine	
Favori	Favorite	Favorite
Franc	Franche	Frank
Public	Publique	Public
Sec	Sèche	Dry
Aigu	Aiguë	Sharp

DATE : _____

GRAMMAR

_____

_____

_____

_____

VOCABULARY

_____	_____
_____	_____
_____	_____
_____	_____
_____	_____
_____	_____
_____	_____
_____	

READING

_____

_____

Time spent studying : 15' 30' 45' 60' 75' 90'

WHAT AM I GOING TO STUDY TOMORROW?

_____

MES NOTES

Servir - To serve
Prêsent

Je sers	I am serving
Tu sers	You are serving
Il - Elle sert	He - She is serving
Nous servons	We are serving
Vous servez	You are serving
Ils - Elles servent	They are serving

DATE : _____

<u>GRAMMAIRE</u>

_____
_____
_____
_____

<u>VOCABULAIRE</u>

_____   _____
_____   _____
_____   _____
_____   _____
_____   _____
_____   _____
_____   _____

<u>LECTURE</u>

_____
_____

Temps passé à étudier : 15' 30' 45' 60' 75' 90'

QU'EST-CE QUE JE VAIS ÉTUDIER DEMAIN?

_____

_____

_____

_____

_____

_____

_____

_____

_____

_____

_____

_____

_____

_____

_____

Vocabulaire of the day

Ma mère	My mother
Mon père	My father
Ma soeur	My sister
Mon frère	My brother
Ma grand-mère	My grandmother
Mon grand-père	My grandfather

GRAMMAR

VOCABULARY

READING

Time spent studying : 15' 30' 45' 60' 75' 90'

WHAT AM I GOING TO STUDY TOMORROW?

_____

_____

_____

_____

_____

_____

_____

_____

_____

_____

_____

_____

_____

Adjectifs du jour

Masculin	Féminin	
Bas	Basse	Low
Bon	Bonne	Good
Gros	Grosse	Big
Nul	Nulle	Bad
Épais	Épaisse	Thick

DATE : _____

GRAMMAIRE

_____
_____
_____
_____

VOCABULAIRE

_____	_____
_____	_____
_____	_____
_____	_____
_____	_____
_____	_____
_____	_____

LECTURE

_____
_____

Temps passé à étudier : 15' 30' 45' 60' 75' 90'

QU'EST-CE QUE JE VAIS ÉTUDIER DEMAIN?

_____

_____
_____
_____
_____
_____
_____
_____
_____
_____
_____
_____
_____
_____

Compter - To count
Present tense

Je compte	I am counting
Tu comptes	You are counting
Il – Elle compte	He – She is counting
Nous comptons	We are counting
Vous comptez	You are counting
Ils – Elles comptent	They are counting

DATE : _____

GRAMMAR

_____

_____

_____

_____

VOCABULARY

_____	_____
_____	_____
_____	_____
_____	_____
_____	_____
_____	_____
_____	_____

READING

_____

_____

Time spent studying : 15' 30' 45' 60' 75' 90'

WHAT AM I GOING TO STUDY TOMORROW?

_____

MES NOTES

Vocabulaire du jour

Une chemise	A shirt
Un pullover	A sweater
Un bonnet	A hat
Une écharpe	A scarf
Une jupe	A skirt
Un pantalon	A pair of pants

GRAMMAIRE

VOCABULAIRE

LECTURE

Temps passé à étudier : 15' 30' 45' 60' 75' 90'

QU'EST-CE QUE JE VAIS ÉTUDIER DEMAIN?

_____

_____

_____

_____

_____

_____

_____

_____

_____

_____

_____

_____

_____

Adjectives of the day

Masculine	Feminine	
Agréable	Agréable	Agreable
Désagréable	Désagréable	Disagreeable
Formidable	Formidable	Formidable
Fidèle	Fidèle	Loyal
Célèbre	Célèbre	Famous

GRAMMAR

VOCABULARY

READING

Time spent studying : 15' 30' 45' 60' 75' 90'

WHAT AM I GOING TO STUDY TOMORROW?

MES NOTES

Porter - To carry, To wear
Présent

Je porte	I am carrying
Tu portes	You are carrying
Il - Elle porte	He - She is carrying
Nous portons	We are carrying
Vous portez	You are carrying
Ils - Elles portent	They are carrying

DATE :

GRAMMAIRE

_____

_____

_____

_____

VOCABULAIRE

_____   _____

_____   _____

_____   _____

_____   _____

_____   _____

_____   _____

LECTURE

_____

_____

Temps passé à étudier : 15' 30' 45' 60' 75' 90'

QU'EST-CE QUE JE VAIS ÉTUDIER DEMAIN?

_____

92

MY NOTES

_____
_____
_____
_____
_____
_____
_____
_____
_____
_____
_____
_____
_____

Vocabulary of the day

La tête	The head
Le bras	The arm
La jambe	The leg
Le dos	The back
Les yeux	The eyes
La bouche	The mouth

DATE :

GRAMMAR

VOCABULARY

READING

Time spent studying : 15' 30' 45' 60' 75' 90'

WHAT AM I GOING TO STUDY TOMORROW?

94

MES NOTES

Adjectifs du jour

Masculin	Féminin	
Amusant	Amusante	Amusing
Intéressant	Intéressante	Interesting
Méchant	Méchante	Mean
Puissant	Puissante	Powerful
Coupant	Coupante	Cutting

DATE : _____

GRAMMAIRE

_____
_____
_____
_____

VOCABULAIRE

_____ _____
_____ _____
_____ _____
_____ _____
_____ _____
_____ _____
_____ _____
_____ _____

LECTURE

_____
_____

Temps passé à étudier : 15' 30' 45' 60' 75' 90'

QU'EST-CE QUE JE VAIS ÉTUDIER DEMAIN?

_____

Chanter - To sing
Present tense

Je chante	I am singing
Tu chantes	You are singing
Il – Elle chante	He – She is singing
Nous chantons	We are singing
Vous chantez	You are singing
Ils – Elles chantent	They are singing

DATE : _____

<u>GRAMMAR</u>

_____

_____
_____

_____
_____

_____

<u>VOCABULARY</u>

_____	_____
_____	_____
_____	_____
_____	_____
_____	_____
_____	_____
_____	_____

<u>READING</u>

_____

_____

Time spent studying : 15' 30' 45' 60' 75' 90'

WHAT AM I GOING TO STUDY TOMORROW?

_____

MES NOTES

Vocabulaire du jour

Le soleil	The sun
Le vent	The wind
La pluie	The rain
La neige	The snow
La grêle	The hail
Les nuages	The clouds

DATE : _____

GRAMMAIRE

_____

_____

_____

_____

VOCABULAIRE

_____	_____
_____	_____
_____	_____
_____	_____
_____	_____
_____	_____
_____	_____

LECTURE

_____

_____

Temps passé à étudier : 15' 30' 45' 60' 75' 90'

QU'EST-CE QUE JE VAIS ÉTUDIER DEMAIN?

_____

Made in the USA
Columbia, SC
27 November 2023

27221772R00062